Samuels

N° 1412

Nx.
1412.

BIOGRAPHIE DES HOMMES DU JOUR.

WILLIAM ROGERS.

(Extrait de la *Biographie des Hommes du Jour*, par G. Sarrut et B. Saint-Edme, t. VII, 1re partie.)

25 CENT.

Lagny,
IMPRIMERIE HYDRAULIQUE DE GIROUX ET VIALAT.

1845.

WILLIAM ROGERS.

APPRÉCIATION CRITIQUE

DE

SES OUVRAGES ET DE SES DOCTRINES.

La science dentaire, tout le monde le reconnaît, a fait depuis quelques années d'immenses progrès. A la tête de cette régénération marche M. William Rogers (1), qui, par ses inventions et ses doctrines, s'est acquis une renom-

(1) Dentiste, rue St-Honoré, 270.

1840

mée européenne ; si nous voulions considérer seulement M. Rogers comme professeur de prothèse, nous montrerions en quoi l'art du dentiste est redevable à son talent de procédés merveilleux qui ont simplifié et considérablement amélioré l'Odontotechnie ; mais en ce moment nous voulons surtout envisager le célèbre dentiste comme auteur. En effet, ses ouvrages ont un si grand retentissement que nous croyons plaire à nos lecteurs en portant à leur connaissance les doctrines du grand dentiste.

Inventeur des Osanores, ou râteliers à succion, M. Rogers, non content d'avoir mérité par cette découverte la reconnaissance publique, a écrit plusieurs ouvrages dont quelques extraits suffiront pour prouver d'une manière incontestable qu'il ne s'est pas borné à la pratique matérielle de la prothèse, mais qu'il a étudié tous les secrets de la science dentaire.

Originaire de Londres, compatriote des Fox, des Hunter, Beedmore, Downing, Faller et autres célèbres dentistes, M. William Rogers se sentit, dès son enfance, une vocation irrésistible vers l'étude de la chirurgie dentaire. A un âge où le commun des hommes cherche à deviner le secret de sa vocation, il avait fait de très grands progrès dans les sciences buccales. Tout autre que lui se serait contenté de ces premiers travaux qui le mettaient à même de lutter avantageusement avec les plus habiles praticiens de son pays : il pensa autrement, quitta sa patrie pour aller compléter ses études dans les écoles de la Hollande et dans les universités d'Allemagne ; il vint ensuite en France, terre classique des améliorations et du progrès.

Isolé d'abord dans notre grande capitale, il eut besoin de toutes les ressources de son courage pour y acquérir droit de bourgeoisie parmi nos dentistes les plus célèbres. Cependant la lutte ne fut pas longue, car M. Rogers avait reçu de la nature le don des inventions avec lequel tout homme arrive à la célébrité.

Nous allons faire connaître quelques-unes de ses principales découvertes :

Les *Obturateurs*, ou palais artificiels-Rogers, sont regardés par les praticiens comme un chef-d'œuvre d'Odontotechnie. En effet, les plus fameux dentistes, Fox lui-même, croyaient qu'il était impossible de remédier à cette difformité de la bouche; cependant les palais artificiels-Rogers, à l'instar des *Osanores*, tiennent par la pression atmosphérique, et l'on conçoit qu'il est facile de les ôter, de les remettre et de les nettoyer.

Il nous a été dit qu'un dentiste de Paris aurait eu l'indélicatesse de présenter comme son invention à l'Académie de Médecine ce même *Obturateur* ; mais, que M. Rogers se rassure, le public sait rendre justice, et ce n'est qu'aux riches qu'on emprunte.

Les *dentifrices*, qui sont des moyens non-seulement de calmer, mais de prévenir les affections dentaires, ont été l'objet de l'attention particulière de M. Rogers. Composés de substances végétales, ils ne renferment aucun des ingrédients empruntés à la minéralogie, qui blanchissent pour un instant les dents, mais qui corrodent, dissolvent l'émail et prédisposent à la carie.

L'*Eau Rogers* guérit radicalement les odontalgies les plus aiguës, raffermit les gencives et arrête la carie dans les cas les plus rebelles.

L'odeur de ce dentifrice est des plus agréables.

L'Eau anti-scorbutique-Rogers est précieuse surtout pour les gonflements de gencives; lorsque l'air est humide et vicié, ou que l'on a une prédisposition au scorbut.

M. Rogers est aussi l'inventeur d'une brosse qui porte son nom et dont personne n'a nié la supériorité. Les bords sont garnis de crins fins; les crins du milieu offrent seuls de la consistance. On comprendra sans peine qu'avec une brosse si habilement confectionnée, on peut aisément se nettoyer les dents sans avoir besoin de prendre les précautions que nécessitent les brosses ordinaires avec lesquelles on est sans cesse exposé à déchausser les gencives.

Le *Régulateur*, inventé par M. Rogers, est un petit instrument à l'aide duquel on peut facilement redresser les dents qui ont pris ou qui tendent à prendre une fausse direction.

M. Rogers a reçu, à l'occasion du Régulateur, les éloges les plus flatteurs des dentistes et des médecins français et étrangers. Cet instrument est si ingénieux, que chacun peut le faire fonctionner, et suivre journellement la marche progressive de son opération.

Nous n'en finirions pas si nous voulions énumérer toutes les autres découvertes de M. Rogers et les divers instruments de toute sorte par lesquels il a simplifié et perfectionné la prothèse dentaire.

Nous mentionnerons encore l'inappréciable *Ciment-Rogers*, mode nouveau qui permet de plomber à froid sans *douleur*, sans *pression*.

M. Rogers, dont l'activité est infatigable, a cru devoir faire connaître, par plusieurs écrits, l'importance de ces améliorations et les faire entrer ainsi à jamais dans le domaine de la science.

Toutefois ces nombreux perfectionnements apportés à la prothèse dentaire, tout en commandant au plus grand nombre un certain respect pour leur auteur, n'ont pas laissé d'exciter chez quelques-uns ces sentiments de jalousie qui trop souvent s'attachent aux personnes d'un talent supérieur.

Dans le siècle où nous vivons, la jalousie n'est-elle pas la conséquence presque inévitable des plus utiles découvertes ? En effet, le savant ou l'artiste qui invente, perfectionne, soulève des haines, et la routine, repoussée honteusement, ne manque pas de s'armer du poignard de la calomnie.

Loin de s'arrêter à ces attaques, M. Rogers a constamment travaillé : ainsi, pendant que ses adversaires faisaient des efforts inutiles pour détourner la confiance publique, qu'il méritait à juste titre, lui, réunissait les matériaux de plusieurs ouvrages.

En tête de tous se place naturellement l'*Encyclopédie du Dentiste* (1).

Ce répertoire général de toutes les connaissances médico-chirurgicales, est sans contredit

---

(1) Un fort volume de 500 pages avec planches. Prix : 7 fr. 50 c., chez BAILLIÈRE, éditeur, rue de l'École de Médecine, 17, et chez l'auteur, rue St-Honoré, 270.

ce qu'il y a de plus complet sur l'anatomie et la pathologie dentaires. On y remarque un traité parfait sur les deux dentitions, et surtout la partie de l'ouvrage où se trouvent développés avec le plus grand fruit pour le lecteur, les conseils aux mères, aux nourrices, aux gens du monde, sur les soins de la bouche et les moyens de conserver les dents saines et belles.

A son apparition, l'*Encyclopédie du Dentiste* a reçu du public l'accueil le plus flatteur. L'ouvrage est dédié au docteur Skiers, célèbre médecin anglais, ce nom seul était déjà pour l'auteur un excellent passeport dans le monde savant.

Nous extrairons un seul passage de l'*Encyclopédie*, qui fera connaître combien il a fallu d'études pour arriver aux résultats obtenus par M. Rogers.

« Passionné pour mon art, que j'exerce

« avec conscience et amour, dit-il, j'ai
« voulu connaître les opinions de tous les
« auteurs qui ont écrit sur les dents, de-
« puis les temps les plus reculés jusqu'à nos
« jours; j'ai entrepris ces recherches avec
« courage, et les moments de loisir que
« me laisse ma nombreuse et brillante clien-
« tèle, je les consacre à des travaux sur la
« chirurgie dentaire. Je me suis convaincu que
« la plupart des ouvrages sont incomplets, parce
« que les auteurs n'y ont traité que des spécia-
« lités. L'idée m'est alors venue de réunir, dans
« un seul livre, toutes les connaissances rela-
« tives à l'art du dentiste. J'ai fouillé dans toutes
« les bibliothèques, j'ai traduit les ouvrages
« anglais, allemands, hollandais, espagnols et
« italiens; j'ai fait un tableau synoptique de
« toutes les inventions, de toutes les opinions
« émises, de tous les procédés. Ces matériaux
« une fois réunis, j'ai commencé mon ouvrage

« que j'ai intitulé : *L'Encyclopédie du Dentiste*,
« parce que je crois n'avoir omis aucune partie
« de la chirurgie dentaire. Après quinze années
« de recherches, je livre aujourd'hui mon livre
« au public, pour que mes confrères y trouvent
« réunis les documents dont ils ont besoin chaque
« jour, pour que les gens du monde le consultent
« comme un guide sûr qui leur indiquera les
« moyens les plus simples pour conserver les
« dents, et en prévenir les maladies. »

Rendant compte de *l'Encyclopédie*, un auteur, après avoir cité ce même passage, dit :

« On peut juger, par cette simple citation,
« du caractère et du savoir de M. Rogers.
« Ce n'est pas là le demi-savant dans l'art
« qu'il exerce, redoutant une concurrence qui
« effraie toujours le faible en présence du fort;
« c'est au contraire l'homme convaincu de sa
« supériorité, qui donne largement à ses con-

— 18 —

Ce tribut payé à la science, M. Rogers aurait laissé son œuvre incomplète, s'il n'avait fait suivre la publication de son *Encyclopédie* d'un autre ouvrage, abrégé de ses doctrines, où seraient exposés, pour chaque circonstance de la vie, pour chaque âge, pour chaque profession, les soins qu'il convient de prendre pour conserver le don d'une belle dentition.

La nombreuse clientèle de M. Rogers le mettait à même, par la diversité des cas qu'il rencontrait dans la pratique journalière, d'observer et de signaler les causes auxquelles il faut attribuer la beauté ou la perte des dents.

Ce devoir de tout praticien en renom, M. Rogers n'a pas tardé à le remplir ; il vient de faire paraître le *Manuel d'Hygiène dentaire* (1), à l'usage de toutes les classes et professions.

(1) Un volume, format Charpentier, 360 pages

« frères le produit de ses veilles, de
« de ses travaux; c'est l'homme s
« mérite réel, qui sait ce qu'il vaut
« craint point de protéger d'une égide
« tous ceux qui désirent exercer ou
« cent déjà la même profession que l

L'*Encyclopédie du Dentiste* est au
trop connue dans le monde scientifi
qu'il soit nécessaire de faire une plus a
lyse; qu'il nous suffise de dire que cet
répond à son titre dans toute la rigueu
c'est-à-dire qu'il est un *compendium*
les connaissances dentaires, depuis l'
la plus reculée jusqu'à nos jours, u
clair et succint des moyens les plus a
et les plus efficaces pour conserver
saines et belles, et pour arrêter la perte
déjà atteintes par la maladie.

Cet ouvrage a un but d'utilité pratique qu'on ne saurait contester ; aussi ne doutons-nous point qu'il n'obtienne un succès populaire en très-peu de temps. Il n'est pas d'homme, en effet quel que soit le rang qu'il occupe dans la société, qui n'y trouve des préceptes particuliers.

Jugeons-en par la simple catégorie des personnes dont l'auteur s'occupe dans cet ouvrage.

1° Les savants ;

2° Les artistes ;

3° Les industriels ;

4° Les commerçants ;

5° Les artisans.

avec portrait de l'Auteur. Prix : 3 fr., rue St-Honoré, 270, chez l'Auteur.

Pour toutes ces classes et professions M. Rogers a des conseils spéciaux; — « de même qu'un mé-
« decin, dit-il, qui exerce consciencieusement
« son honorable et importante profession, étu-
« die et soigne différemment les maladies, sui-
« vant la position sociale des personnes qui ont
« recours à ses connaissances médicales; de
« même j'ai varié mes traitements dentaires
« suivant la position des individus qui ont eu
« confiance en mon art. Il m'a été très facile
« de voir que le riche et le pauvre perdent
« leurs dents par des causes différentes, que
« nos grandes dames et nos jeunes femmes de
« la campagne ne doivent pas attribuer aux
« mêmes accidents le malheur d'être édentées
« avant l'âge. »

M. Rogers, adoptant les doctrines de l'im-
mortel Boerhave, conseille aux savants, aux
artistes, et généralement aux personnes chez

lesquelles les facultés intellectuelles jouent le premier rôle, de tenir la tête froide, le ventre libre, les pieds chauds, de modérer leurs travaux, leurs veilles, de porter un soin spécial à la propreté de leur bouche, d'éviter toutes sortes d'excès, d'user à propos de bains, de lotions, de gargarismes, de dentifrices, etc.

Ces conseils généraux il les multiplie et les individualise en quelque sorte en les appropriant à chaque classe de savants : les philosophes, les hommes d'état, les astronomes, les naturalistes, les poètes, les hommes de lettres, les artistes, etc., etc., etc.

Dans l'énumération des nombreuses catégories de travailleurs, nous n'avons pu nous empêcher d'admirer la patience et surtout le soin scrupuleux avec lequel il a composé cette partie de son livre; il n'est pas d'ouvriers, pas de profession manuelle qui n'y trouve des conseils

dont l'utilité est incontestable. M. Rogers, imitant l'exemple du célèbre Tissot, auteur du livre *les Conseils au Peuple*, a étudié toutes les affections buccales qui affligent les classes ouvrières, il n'a rien omis, et l'ordre le plus parfait règne dans la classification, nonobstant l'étendue et la diversité de la matière. « J'ai
« voulu, dit M. Rogers, que chaque artisan
« trouvât, dans mon *Manuel*, des conseils et
« des remèdes appropriés à la profession qu'il
« exerce, et, pour cela, je suis entré dans de
« nombreux détails. »

A l'ouvrier sur métaux, par exemple, pour qui les émanations du minerai sont si nuisibles, M. Rogers recommande les fréquents gargarismes avec de bons dentifrices ; à défaut de dentifrices il lui conseille de se rincer la bouche avec quelques gouttes de cognac détrempé dans de l'eau.

Ainsi, à chaque élément de destruction, M. Rogers oppose un préservatif, un remède; s'il prévoit que le moyen curatif soit difficile à trouver pour l'ouvrier, M. Rogers sait indiquer une substance qui remplit le même but et qui est à la portée de tous.

M. Rogers cite ensuite les noms des auteurs qui ont écrit sur les maladies de tous les ouvriers, ou qui ont donné des observations éparses sur quelques affections spéciales des artisans.

A ces noms si honorables, à ces noms, que la reconnaissance publique a environnés de la brillante auréole de la célébrité, l'histoire contemporaine ajoutera bientôt celui de M. Rogers, puisque, comme ses devanciers, il a travaillé à soulager les maux qui affligent le peuple : les œuvres et les noms de ceux qui lui consacrent leurs veilles, ne meurent jamais; le peuple a la mémoire du cœur et garde le souvenir de ses bienfaiteurs.

Après avoir énuméré toutes les classes et professions, M. Rogers consacre quelques chapitres à l'hygiène dentaire, appliquée aux *quatre âges de la vie.*

« J'ai étudié, dit-il, l'homme dans ses di-
« verses classes et professions, j'ai démontré les
« influences des climats, des habitations, des
« eaux, de l'air, de la lumière, du calorique,
« de l'électricité, des vêtements, des aliments,
« des habitudes, des passions; il me reste main-
« tenant à indiquer les soins que l'homme ré-
« clame de l'hygiène dentaire, aux différents
« âges de la vie, depuis la naissance jusqu'à
« la mort. »

Pour *le bas âge*, M. Rogers conseille aux mères de famille de nettoyer fréquemment la bouche des enfants, avec l'eau pure ou mêlée légèrement d'eau anti-scorbutique.

Pour l'*adolescence*, il prescrit de se mettre en garde contre le goût prononcé de cet âge pour les acides, les crudités, les fruits verts, etc.

Pour la *virilité*, il recommande à toute personne de ne pas se reposer sur les avantages présents d'une belle dentition, mais de penser que rien n'est plus fragile que ce don, et que pour le conserver il faut des soins journaliers; ainsi il conseille de bien se nettoyer les dents soir et matin, de se servir d'une brosse convenable, d'employer des dentifrices reconnus bons, et, à défaut de tous ces moyens, de se nettoyer les dents avec du charbon de bois blanc pulvérisé et mêlé de quelques grains de sel ordinaire.

« Je croirais, continue M. Rogers, laisser ce

« manuel incomplet, si je ne donnais quelques
« préceptes d'hygiène dentaire spécialement
« appliqués aux dames : je leur dois mes plus
« beaux succès ; elles ont encouragé mes pre-
« miers efforts. Heureux de leur avoir rendu
« des charmes qu'elles désespéraient de recou-
« vrer, je veux leur prouver combien je con-
« serve de souvenirs pour elles. »

L'auteur, dans un chapitre intitulé : *L'Hygiène dentaire des Dames*, et qui a pour épigraphe ces paroles de Jean-Jacques Rousseau : « *Il n'est pas de vilaine femme avec de jolies dents* » examine avec sa sagacité ordinaire l'action sur les organes dentaires, de la puberté, de la grossesse, de l'allaitement, de l'âge critique et des vêtements particuliers aux dames, sans oublier l'influence des bals, des cosmétiques, et en général de tous les caprices de la mode.

Convaincu pourtant que les moyens hygiéniques sont impuissants dans un très grand nombre de cas, et qu'il arrive souvent que toute l'habileté du dentiste ne réussit pas à conserver les dents, M. Rogers indique la conduite qu'il faut tenir lorsque les organes de la bouche succombent à la violence du mal ou à des accidents imprévus : il conseille dans cette circonstance de recourir à la prothèse.

En parlant des ressources de l'Odontotechnie M. Rogers ne pouvait se dispenser de signaler ses *râteliers osanores*, leur influence heureuse sur la santé en général et sur les organes dentaires en particulier.

La réputation des *Osanores* est européenne ; cette invention, a déjà fait oublier les autres modes de prothèse, tant par la matière parfaite dont les nouveaux râteliers sont composés, que par le mode simple et facile de les poser.

Nous ne décrirons pas leur supériorité ; elles

ont eu tout ce qui donne la renommée : les poètes les ont chantées, et leurs détracteurs s'efforcent, mais en vain, de les contrefaire.

Dans un petit ouvrage (1), simple et court, par lequel il débuta dans le monde scientifique, M. Rogers fait connaître les avantages des râteliers à succion sur tous les autres procédés connus d'Odontotechnie.

Nous allons laisser M. Rogers révéler lui-même le secret de sa découverte :

« Je m'étais ému dit-il en considérant et la
« matière impropre employée pour les dents, et
« surtout le mode barbare de les assujettir ; je me
« livrai à des recherches bientôt couronnées
« de succès, et découvris une substance que je

(1) Esquisse sur les dents osanores ; un vol.

« puis dire sans égale. Légèreté, solidité, trans-
« parence, animation, elle réunissait tout ! Au
« lieu de la plaque et de dents isolées, je n'a-
« vais plus qu'une seule pièce ; avec la même
« facilité, je pouvais y tailler un râtelier, un
« demi-râtelier, une fraction moindre encore.
« Dans le cas où il aurait fallu conserver une
« ou plusieurs dents, je n'avais qu'à ouvrir sur
« ma pièce une alvéole ou un plus grand nom-
« bre, le tout s'emboîtait alors avec une har-
« monie parfaite. Sculptées sur le socle même,
« mes dents ne pouvaient me faire craindre
« pour leur peu de fixité. D'un autre côté, n'é-
« tais-je pas très rassuré pour la ressemblance,
« quand je pouvais tailler l'ensemble selon les
« règles d'une précision mathématique?

« Toutefois, la tâche que je m'étais imposée
« n'était pas remplie jusqu'au bout ; la princi-
« pale difficulté était vaincue sans doute ; la

« matière propre à faire les dents était trouvée;
« mais il restait encore à découvrir le moyen
« de les fixer. Tout lien, en effet, fût-il d'or,
« n'en est pas moins et douloureux et appa-
« rent; ce que je cherchais, ce que je voulais,
« on ose à peine y croire : c'était une *attache
« sans liens*.

« Après bien des veilles, des expériences, des
« dépenses infructueuses, je me réveille une
« nuit en sursaut..... Un jeu de mon enfance
« m'avait frappé...

« Quelle était, me disais-je, la force qui te-
« nait ce caillou qu'aux jours heureux du col-
« lége nous montrions dans nos promenades
« aux paysans ébahis, et qui demeurait sus-
« pendu à un cuir mouillé, sans que personne
« pût y assigner de lien visible?

« En ce moment la puissance de la pression
« atmosphérique s'était révélée à moi, je déci-

« dai que mes râteliers n'auraient pas d'autres
« moyens d'attache. Plein d'ardeur et d'espoir,
« je pris le socle d'un de mes râteliers; pour
« donner plus de surface, j'en creusai la partie
« inférieure. La solidité de la matière me per-
« mettait de le faire jusqu'à l'épaisseur près
« d'une feuille de papier; je l'adaptai à une
« mâchoire factice en plâtre; je le retouchai
« jusqu'à ce qu'il s'y emboîtât parfaitement, et
« bientôt, ô prodige! la mâchoire et mon râ-
« telier ne firent qu'un seul corps. Si ce râte-
« lier, dis-je, reste adhérent sur un marbre
« poreux et sec, que ne sera-ce pas sur une
« mâchoire chaude et humide?

« Comme on le pense bien, je ne fus pas
« longtemps sans en faire l'essai. Dès ce jour
« l'art du dentiste a subi une révolution com-
« plète. Désormais plus de liens, plus de douleur,
« plus de malpropreté. Chacun peut à volonté

« placer et déplacer un râtelier et devenir son
« propre dentiste. »

M. Rogers a déjà beaucoup fait, mais il est jeune encore; l'art du dentiste attend de lui de nouvelles améliorations, de nouveaux ouvrages. Depuis quelques années il marche à grands pas vers la célébrité; tout nous porte à croire qu'il ne s'arrêtera pas en si beau chemin (1).

Pour terminer cette appréciation critique, nous dirons, après avoir lu attentivement le *Manuel d'Hygiène dentaire*, que cet ouvrage se trouvera bientôt dans toutes les bibliothèques, et deviendra le conseiller habituel de toute personne connaissant le prix d'une belle dentition.

---

(1) Nous apprenons que M. Rogers prépare un grand ouvrage qui ne pourra qu'ajouter à sa réputation scientifique.

— 33 —

Nous lui garantissons un favorable accueil du public; et comment en serait-il autrement, lorsqu'on lira sur le frontispice le nom du savant docteur Lallemand (de Montpellier), membre de l'Institut, qui a accordé son patronage à M. Rogers en lui adressant la lettre suivante :

« Monsieur,

« Convaincu de l'utilité que le public retirera
« de votre *Manuel d'Hygiène dentaire*, c'est avec
« plaisir que j'en accepte la dédicace.
« J'ai l'honneur, etc.

« LALLEMAND. »

www.ingramcontent.com/pod-product-compliance
Lightning Source LLC
Chambersburg PA
CBHW060952050426
42453CB00009B/1161